Kim Bogerd

Gereimte Leidenschaften

Geliebte
tun dem Leben gut!
Sie geben Sex
und machen Mut!

hot poem Verlag

Bibliografische Information der Deutschen Na-
tionalbibliothek:
Die Deutsche Nationalbibliothek verzeichnet
diese Publikation in der Deutschen Nationalbi-
bliografie; detaillierte bibliografische Daten sind
im Internet über http://dnb.d-nb.de abrufbar.

Inhaltsübersicht

Einst

waren wir ein tolles Paar,
doch wir vergrauten Jahr um Jahr.

Ich fühlte mich ganz starr und leer.
Mein Mann ging seiner Wege.
Er kam zwar freundlich täglich her,
doch war er wenig rege.

Er arbeitete und ging zum Boot
und meinte, alles sei im Lot.
Ich trug die Kinder und die Pflicht.
Ich lächelte – er sah mich nicht.

Inhaltsarm,
doch voller Pflicht.
Freudloser Fron,
das wollt´ ich nicht.

Mein Kopf war schnell
und hungrig auch,
mein Körper schlank,
sogar der Bauch.

Mein Mann versorgte
alle gut.
Gewissenhaft doch frei
von Mut.

Er hatte eine Frau
entdeckt,
die seine
Lebensfreude
neckt´.

Gesagt hat er das
freilich nicht.
Er übte sich in
Wortverzicht.

Die Augen blau
vor Unverstand,
drehte er sich nachts
zur Wand.

Er fand, es gab nichts
zu erklären
und keinen Grund
mich zu beschweren.

Seit IHM (meinem Mann)

die andere Frau gefiel,
fand er Spaß am kecken Spiel.

SIE reizte hier, er lockte dort.
Die beiden fanden Zeit und Ort
sich zu treffen und zu hören,
sich zu necken, zu betören.

Wortgewandt und sehr gescheit,
attraktiv und auch bereit
wuchs ihre Spannung immer mehr.
Sich zu lösen wurde schwer.

Die lange Ehe, Kinder zwei …
Die Firma … alles einerlei.

SIE zu sehen, zu beschenken,
mit Visionen zu bedenken,
war sein Ziel bei Tag und Nacht.
Dabei hat er nicht bedacht,

dass sein Tun wurd´ bemerkt,
kommentiert und noch verstärkt
schließlich in sein Haus dann kam
und uns unsre Unschuld nahm.

Wann und wie die Zwei sich trafen,
ob es Grund gab sie zu strafen?
Er betont´ die Freundschaft sehr.
Ich befand: „Es ist wohl mehr."

Mein Mann fuhr los, ich blieb zu Haus.
Er hatte Spaß und ich den Graus.
Ich war traurig, wehrte mich
und fand, er ließe mich im Stich.

Die Zeit, die einst für mich gedacht,
die hat er halt mit *IHR* verbracht
Wie weit sie gingen, war nicht klar.
Doch er verhielt sich sonderbar.

Heimlich, ruppig, unverwandt …
bis ich einen Vorschlag fand.
Ich erklärte deutlich nun,
er könne, was ihm passe, tun:
Doch diskret, ergebnisoffen,
höflich und mit kleinem Hoffen …

Seit IHR

steht meine Welt
mir Kopf.
Blumen welken
grau im Topf.
Ihr Anblick
macht die
Stimmung matt
und meine
Seele leer,
statt satt.

Die Blumen haben
Wasser, Licht,
doch Mut zum
Blühen, nein, den nicht.

Die Blüte-Zeit
ist still vergangen,
während wir
in Not gefangen.

Das Blumen-Grau
riecht nach Zement.
Mein Herz erschöpft sich
losgetrennt.

Das Grau sieht nach
Zerfall nur aus.
Alles Bunte
fiel heraus.

Es liegt und windet
krumpelnd sich,
türmt kalte Erde
dicht an dicht.

Die Erde schöpft
aus Grau sich Kraft,
während mich
das Unbunt rafft.

Regattafahrt

zum dritten Mal.
SIE ganz sportfit.
Ich ganz fahl.

Er fährt, na klar, im Team – mit *IHR*,
dem plankensichren Segeltier.

Auf meine Frage, was das soll:
„Na, nichts, *SIE* kann das einfach toll!"
An der Pinne und auch so
und ich sei doch sicher froh,
dass ich nicht ins Kalte muss,
lesen darf – welch Hochgenuss!

Da hätt ich doch mal Zeit für mich!
An meine „Pflichten" denkt er nicht.

In die Wanne könnt ich gehen
und meine Lieblingssendung sehen …
So spricht mein lächelnd Ehemann.
Noch einen Satz – ich spring ihn an!

Ja, mein Tag wird frei und leicht.
Mit Kinderthemen, gar nicht seicht!
Ne Stunde mit dem Hund dann raus
und etwas pusseln rund ums Haus.

Am Abend kommt mein Mann zurück,
gut gesättigt und beglückt.
Ach, im Clubhaus war´s so nett!
Er geht duschen, dann ins Bett.

Mein Mann, der oft so fleißig ist,
dass er Charme und Spaß vergisst,
der braucht halt einen Ausgleichsort,
Anerkennung, Bier und Sport.

Eine Frau muss
gönnen
können.

Der Alltag

wurde stetig grauer.
Der Ton war ruhig
doch wurde rauer.

Die Kinder wuchsen,
duckten sich.
Ihre Sache
war das nicht.

Die Leute fingen an
zu reden
und mein Unmut sich
zu regen.

Wenn nun auch
der schöne Schein
sollte beim
Zerfallen sein,
dann wollte ich
nicht länger warten
und nur jäten
unsren Garten.

Mein Leben war
Erfolg gewesen.
Nicht nur kochen,
nett sein, lesen.

Ich machte mich zurecht,
ging raus
und trat aus meinem
Schatten aus.

Tag 1 Klassentreffen

So ging ich also vor die Tür
und suchte einen Weg in mir.
Die Einladung kam gerade recht.
Ab nach Fürth, es ging mir schlecht.

In *Alter Heimat* ins Hotel.
Der Weg war lang. Es war noch hell.
Den Friedhofsgang bloß schnell
vergessen.
Am Abend, endlich, Klassentreffen.

Lauter Fremde um mich rum.
Ich fühle mich allein, bleib stumm.
Blicke hier, ein Lächeln da,
das ist wirklich sonderbar.

Der Mann am Stehtisch, kein Erkennen,
also auch kein Namen-Nennen.
Alles Kennen glatt vergessen.
Zwanzig Jahre ausgesessen,
ohne etwas zu vermissen
und noch nicht einmal zu wissen,
dass es ja den anderen gibt,
der nun in der Seele piekt.

„Ach, nee", sagt eine neben mir
„schau, sogar auch *DER* ist hier."
Aha, denk ich, den kenn ich nicht.
Stopp, war das der kleine Wicht?
Schmächtig und mit Nickelbrille?
Wieselflink und starker Wille?

Der hat so gar nix hergemacht,
doch nun steht er voller Pracht
einsachtzig groß und gerade auch
und scheinbar völlig ohne Bauch.

Er schaut und schmunzelt, klarer Blick.
Ich weiche sacht ein Stück zurück.
Das Bierglas fest in schlanker Hand
folgt er mir bis an die Wand.

„Wo hast du all die Zeit gesteckt?
Nur gut, ich hab dich jetzt entdeckt.
Sag einmal, was machst denn du?
Sprich, ich hör dir gerne zu.

Hast du Familie, Hund und Haus?"
So fragt er mich am Abend aus.
Es entsteht ein kleines Bild,
das die letzten Jahre füllt.

Erfolgreich sieht er aus und gut.
Um halb zwei hab ich dann genug
und kündige mein Gehen an.
Es steht sofort der ganze Mann,
der bis auf eine kurze Weile
souverän und ohne Eile
den Abend nur mit mir verbracht
mit seiner dunklen Strahlekraft
unverzüglich neben mir
und öffnet mir galant die Tür.

Den Arm ganz leicht in meinem Rücken,
kann seine Geste mich entzücken.
Schau zu ihm auf und wunder mich:
Nein, dies ist kein kleiner Wicht!

Es stürmt und windet um das Haus
und strubbelt ihm das Haar ganz kraus.
„Wo steht dein Auto, gleich ums Eck?"
„Nein, ein bisschen weiter weg."
„Da bring ich dich mal besser hin.
Ach, da kommt mir in den Sinn,
dass ich gern deine Nummer hätt´.
Der Abend, der war wirklich nett."

Sein großes Auto parkt er dann
ganz dicht noch neben meines ran.
„Ich wünsch dir eine gute Nacht
und gib besonders darauf Acht,
dass wir uns dann schneller sehen und
keine 20 Jahr´ vergehen."

Ich nicke freudig einen Gruß
er hält mich kurz, ganz ohne Kuss.
Ich fahre ins Hotel beschwingt
und spüre wie die Nachtluft swingt.

Tag 2 Erwachen

Ich erwache früh,
entrückt.
Ja, der Abend hat
beglückt.

Ich stehe auf.
Hotel-Buffet.
Ob ich *IHN* wohl
wiederseh´?

Die *Alte Heimat* scheint
mir neu.
Erneut zum Friedhof,
ohne Scheu.

Der Weg nach Hause,
der wird lang.
Das Radio läuft
mit vollem Klang.

Muss ich sagen,
wie´s mir geht?
Dass Freude von
dem Mann ausgeht?

Muss ich mich schämen?
Bloß wofür?
Für dieses warme Licht
in mir?

ER hat die Nummer,
ruft nicht an.
Ist *ER* doch ein
Wichtelmann?

Hat *ER* Familie,
wie ich auch,
und pflegt jetzt
seinen Sonntagsbrauch?

Denkt *ER* an die Nacht
zurück?
Erwärmt sie auch
sein Herz ein Stück?

Wie weiß ich das?
Ich kann nicht fragen,
und *IHM* also auch nicht sagen,
dass *ER* meinen Tag begleitet
und mein Herz mit Kopf sich streitet,
ob das schon was Schlimmes ist,
oder es sich schnell vergisst …

Tag 2 am Abend

Der Stau war lang,
ich komme heim.
Die Stimmung,
sie ist dunkel.

Es ist kein Anruf
angekommen.
Ich fühle mich verwirrt,
benommen.

Wie kann es sein,
dass *ER* erst fragt
und dann schweigt und
nichts mehr sagt?

Kein „Gute Fahrt"
und kein „Bis bald".
Ob doch nichts in *IHM*
wiederhallt?

Es fühlte sich so heimisch, bunt.
Lebendig, spannend, einfach rund.
Nun stehe ich allein im Flur.
Im Wohnzimmer Gemunkel.

Keiner hat mich kommen hören,
ich fühle mich, als würd ich stören.
Doch da stürmen sie schon los
und die Freude, sie ist groß.

Der Hund, die Kinder und mein Mann
ich komme nun allmählich an.
Mein Kern, Familie, Tag und Nacht.
Was hab ich gestern bloß gedacht?

Tag 3

Noch immer hab ich nichts
gehört.
Ich fühle mich genervt,
verstört.

Wieso balzt der Typ
mich an,
wenn *ER* sich
nicht melden kann.

Nicht melden will,
das kommt wohl hin.
Aus den Augen, aus
dem Sinn?

Doch ein Schwätzer
vor dem Herren?
Ja, Schmeichelsätze
hört frau gern.

Ich bin unwirsch
mit dem Hund
und nehme heute
zu – ein Pfund!

Soll *ER* mir gestohlen
bleiben,
ich werd mir nett die Zeit
vertreiben.

Raus, du Kerl,
geh wieder weg.
Nein, das hat noch keinen
Zweck.

Egal, ich bin emanzipiert,
hab eine SMS kreiert.
Ups, nach 5 Sekunden schon
höre ich den Antwortton.

„Wie schön, von dir zu hören.
Ich wollte dich nicht stören."
Aha, ob das denn wirklich stimmt?
Und ob *ER* nun wohl Anlauf nimmt?

Ich nehm mir vor gut Acht zu geben
und sicher nicht zu viel zu reden.

Mich gruselt

meine
Süchtigkeit
nach
guten Worten,
Gesten, Blicken.

Unendlich
hungrig.
Durst,
kaum stillbar.

Harsche,
dröge
Stängel
in wunder
Erdenödnis.
Soweit
das Auge
schaut.

Zärtlichkeit
verzagt.
Verständnis
versickert,
vor soviel
Dürre.

Und wieder
scheint
nur
die Sonne.
Keine
Linderung
in Sicht.

Mond,
hilf!
Schicke
laue
Lindenlüfte.
Labe mich
mit deinem
Hof.
Streichle
meine
raue Haut,
befeuchte
meiner Lippen
Risse.

Schreiben

will ich jeden Morgen.
Dir und mir von Lust und Sorgen.

Schreibend finde ich zu mir
und mach mich auf Weg zu dir.

Der Weg ist weit, die Strecke schwer.
Das Ziel nicht zu benennen,
Absturzpunkte überall
sind deutlich zu erkennen.
Schikanestellen dicht an dicht
und Dunkelheit erschwert die Sicht.

Doch das Dunkle schützt uns auch.
Wir haben diesen kleinen Brauch,
zu schreiben in der Dämmerung,
verlassen wir des Tages Schwung
und ziehen uns voll Sucht zurück
in unser stilles, dunkles Glück.
In unserm Dunkel ist es licht,
samtig, dämmrig … finster nicht!

Wir leben in der Illusion,
dass wir ohne Konfusion,
dieses dunkle, stumme Glück
erhalten können auf dem Stück
des Lebens, das noch vor uns liegt
und uns nicht um die Ohren fliegt.

Gut gepflegt ist die Distanz.
Gelingt es ihr mit Eleganz
uns voneinander gut zu trennen
und wir müssen nicht benennen,
dass wir zu einander treiben
und uns aus tiefer Seele schreiben.

Komm und nimm mich mit zu dir.
Verdunkele meinen Tag mit dir!

Die Kilometer, die uns trennen
helfen uns nicht zu verbrennen.
Wären wir uns ständig nah,
wär der Zauber dann noch da?

Tag 7

An dich schreiben
in der Ferne
nicht wissend wo du bist.
Ob du wachst, dich sehnst?
Nach mir?
Oder nur nach
der Möglichkeit, der Option?
Nicht mich meinst, sondern
DAS?
Was ist DAS? Etwas?
Was ist es dir, was ist es mir?
Kann daraus ein WIR werden?
Welches WIR lässt
es dann hinter sich?
Trümmer vor Augen.
Liebe in Sicht.
Liebe in Sicht?
Derzeit vor allem Ferne.
Wachst du, sehnst du?
Sehne ich dich, oder
sehne ich DAS?
Was?

Tag 9

Der Mond lugt
durch den Haselstrauch.
Es schwelgt das Herz
und auch mein Bauch.

Der Mond,
er kam
vom Indialand.
Ich sehne mich
nach deiner Hand,
die noch nie
mich hat verführt
und dennoch
nun mein Herz
berührt.

Wie kann es sein?
Ich kenn dich nicht,
und doch bedeutest
du mir Licht.

Mondlicht, das
herüber schwärmt
und sacht
mit Glanz
die Seele wärmt.

Tag 11

Alte Liebe, die zagt.
Sich streitet, nichts wagt.

Worte streben aus mir raus
stoßen an Wände von Herz und Haus
prallen ab und wollen weiter
hoffend, fragend, meistens heiter.

Grade aber trüb und zitternd
von Zweifeln geplagt
und schwer verwitternd.
Über die Entfernung klagend
und sich in der Nähe fragend,
ob und was gelingen kann?
Was überhaupt? Mit welchem Mann?

Kannst denn DU gemeint schon sein?
Bist DU Option? Nur schöner Schein?
Fantasie im Wortgeflecht.
Gefühle. Aber sind sie echt?

Trau ich dir? Na, nicht so ganz.
Du schwirrst und textest voller Glanz.
Könnte ich mich fallen lassen
und würdest du mich hastig fassen,

mich zu halten, dich zu finden,
statt verwundert zu entschwinden?

Du spielst und plänkelst voller Lust
und hinterlässt dann puren Frust?
Findest du in mir nur statt,
solange meine Seele matt?

Fabelhafte Bilderflut
von tiefen Wäldern, Rittern, Mut.
Von Seidenbändern, Zofen, Zöpfen …
Von Zubern und von vollen Töpfen
prallen Lebens …
doch vergebens:
Schnell vergeht,
wenn der Wind mit Stärke weht.

Dein Mond kam gestern hell und sacht
gezogen aus der Indiennacht
in meinem Himmel strahlend an
und brachte dich zu mir als Mann,
der meinen Traum durchwandert hat.
Müde bin ich, wirr und matt
und noch lange gar nicht satt.

Kunigund und Engelbrecht

Tapfer und
zu später Stund
tat der Ritter
müde kund,
dass er weder
Ross noch Wagen
hat
der Andren
angetragen!

Da freute
sich in
früher Stund
ganz allerliebst
die Kunigund!

Kunigund und Engelbrecht im Wald

Es trafen sich zu später Stund´
der Ritter und die Kunigund.

Ihren schönen braunen Schopf
hat sie gebunden zu´ nem Zopf.
Ihr Kleid aus Seide knistert leicht,
als er seinen Arm ihr reicht.

Er bringt sie schnell auf seinem Ross
tief in den Wald, weit weg vom Schloss.

Nun, außerhalb der starren Mauern
lässt ein Hauch sie sanft erschauern.
Was wird in diesem Wald nur sein?
Wird er weiter um sie frein?

Wird er sie noch heute fragen,
sich einen Schritt voran zu wagen?
Zu reichen ihm die schlanke Hand
und das leuchtend helle Band,
das sie grad im Zopf noch trägt …
und er sanft dann um sie legt,
als zarte Fessel, als Geleit
und macht er sie sodann bereit
mit seiner Hand auf ihrer Haut,
bis sie sich ihm anvertraut?

Sich führen und auch fallen lässt?
Haar und Kleid von Glück durchnässt?

Er verspricht bei seiner Ehr´,
sie nicht zu drängen und nie mehr
sein Herz von ihr hinfort zu wenden
und seine Liebe ihr zu senden.

Kunigund und Engelbrecht im Süden

Kunigunde seufzet sehr,
heute ist ihr Leben schwer
findet sie und seufzt erneut,
denn es hat sie sehr gereut,
dass sie gesagt, sie freue sich,
dass er nun tue seine Pflicht.

Mit seiner braven Königin
wandelt er zum Süden hin.
Mit ihr an seiner Seite und
wird in einer späten Stund´,
er ihr seine Gunst erweisen,
denn auf königlichen Reisen
in vertrauter Zweisamkeit,
hält sie sich für ihn bereit.

„Ach, mein lieber Engelbrecht,
das Leben ist so ungerecht.
Ich harre hier im Ostland aus
während du im Süden schmaust.
Mein König ist auch mir geneigt,
was er gern und stetig zeigt.

Doch du fachst and´re Feuer an,
als dieser gute, große Mann.
Auch wenn sie nur im Kopf mir sind,
der Feuerrauch macht mich dann blind
zu sehen meinen Weg vor mir
und zu bleiben an der Tür,
des Schlosses, das mein eigen ist
und wo man es so sehr vermisst,
wenn ich nicht am Hofe bin
und lebe meinen eigen Sinn.

Will meinen König ja behalten,
aber dennoch mich entfalten.
Will singen, tanzen, lachen.
Nächtelang mit dir durchwachen.
Trunken vom Geschichtenhören
und von Worten, die da schwören
nie zu weichen von mir weg
zu begehren jeden Fleck,
der sich zeigt aus dem Gewand
und berührt von deiner Hand
wohlig wird und warm und fließt
und sich in das Herz einschließt.

Wünsch´mir einen ruhigen Ort,
an dem wir könnten immerfort
uns sehen ohne Ungemach
und bereiten keine Schmach,
den Menschen, die uns zugetan
und nicht zu opfern schnellem Wahn

die alten Lieben ohne Not
und zu werfen aus dem Boot

Treue und Beständigkeit
für einen Rausch von kurzer Zeit.
Mut und Ehre sind gefragt.
Tugend, die nicht gleich versagt,
wenn die Hitze stetig steigt
und der Wald sich tief verzweigt.
Dunkel, lockend, weiches Moos,
Sonnenstrahlen ganz famos,
beleuchten einen schmalen Weg,
der führt über wankend Steg.
Über blaues Wasser tief,
an dessen Strand ich gerne lief,
zu dir hin durch warmen Sand.
Bette mich an seinem Strand.

Höre dir nur einfach zu
und finde dein und meine Ruh
im gegenseitig Angesicht.
Mehr als dieses braucht es nicht,
in diesem schönen Augenblick,
fühle ich mich ganz entrückt.
Und habe keine Wünsche mehr
und mein Leben ist nicht schwer.
Du, mein lieber Engelbrecht,
wir machen alles ganz gerecht.
Die Zeit wird zeigen ihren Sinn
für uns und auch die Königin.
Der König lebt mit seinem Tross
weiterhin in seinem Schloss
Postillen gehen hin und her
erleichtern uns das Leben sehr.
Wir sehen uns voll Liebe an
und gehen es behutsam an.
Wir heben uns einander auf
und warten ab des Lebens Lauf.
Wir leben und vergessen nicht
es bescheint uns Mondeslicht."

Kunigund erhebt den Blick.
Es schiebt soeben Stück für Stück
sich ein heller Abendmond,
dessen Anblick sie belohnt
für ihren Brief an Engelbrecht
und sie findet auch gerecht,
dass er grad im Süden weilt
und sie in den Turm nun eilt.

Sie weiß gerade ganz genau,
sie ist im Herzen diese Frau,
die ihn mächtig sehr erwärmt
und für die er herzlich schwärmt.

Kunigund und Engelbrecht im Zuber

„Du, Kunigund", sagt Engelbrecht
„*das* ist mir jetzt so gar nicht recht,
dass du in dieser schwarzen Nacht,
ein Licht im Haus hast angemacht.

Es könnte locken Fremde an
und womöglich einen Mann!

Der sieht dich und entflammt sofort,
wenn er erkennt an welchem Ort
du dich grad zu schaffen machst.
Und – nein, ich will nicht, dass du lachst!

Du willst in den Zuber rein.
Mit heißem Wasser, Schaum und Wein.

Du willst spielen mit der Seife.
Das Haar, gebunden mit der Schleife
hoch über deinen Nacken hin,
kommt dein Fuß mir in den Sinn,
den du nun hinein versenkst
und tust als ob du nicht erkennst,

dass ich gern die Ente wär …
jagte Seifenblasen hinterher,
tauchte tief bis auf den Grund
und sucht´ und fände deinen Mund …"

Rinnsal auf ganz feuchter Haut,
der Duft so fremd und doch vertraut …

„Nein", so seufzt der Engelbrecht
„*das*, Kunigund, ist mir nicht recht!"

Hungrig

bin ich!
Ja,
so sehr!

„Gib mir
Futter",
ruft mein
Kopf.

Doch mein
Herz,
das schreit
nach Mehr!

Sucht flatternd
Halt.
Am
Rippenknopf.

Das Knöpfen
schmerzt.
Ich sehn´
das Meer.

Hungrig
Herz
und dürstend
Kopf.

Stürzen
sich in
Worteswellen.
Alle leer.

Schöpfe sie
aus Muschelsand.

Am Algenband
in meinen Topf.

Tag 25

Ich wünsch´ mir
DICH
naturbelassen.
Dann
könnte ich
mit
Händen
fassen,
was meine
Fantasie
erhofft:
Volles Haar
nicht nur
am Kopf …

Dunkle
Locken
unterm Bauch
und
auf
der Brust
sehr gerne
auch.

Ach, wird dir
jetzt etwas
warm?
Wünscht
du dir
mich
in
deinen Arm?

Auch schier
und ganz
naturbelassen?

Bist
ganz und gar
nicht
mehr
gelassen …?

Tag 30

der neuen Zeit.
Mit Worten und Bildern
machst du mich bereit
dir auf dem Weg
zum Wald zu folgen.

Du lockst und schimmerst
reizt und simmerst
meine Mitte stetig an.

Heiß ist es geworden dort,
an diesem tief verborgenen Ort.

Sie summt und schwingt
fragt sich nach mehr
und fürchtet sich
grad dennoch sehr.

Du schreibst, dass ES
dich süchtig macht
und von Bewegung
zart und sacht über meinen Körper hin.
ES schwindelt mich in Kopf und Sinn.

Noch ist ES Spiel.
ES fand nicht statt.
Doch wann macht NICHTS
uns nicht mehr satt?

Das Spiel, so raffiniert
und heiß,
es führt durch Feuer und
durch Eis.

Das Spiel, an sich
so neckisch-keck
hat Schwarze Peter
im Gepäck.

Das Spiel will wandeln sich
vom ES zum DU
und gibt solange keine Ruh,
bis einer von uns
hingestreckt,
die Karten übern Tisch
dann reckt
und sich ergibt
und bittend fleht,
dass dieses Sehnen
weitergeht …

Neue Liebe

staunt und träumt,
bis sie den letzten Zug versäumt.

Neue Liebe fürchtet sich
vor Alltag und vor Tageslicht.

Neue Liebe schwelgt und schwärmt,
auf dass die Seele sich erwärmt.

Neue Liebe braucht die Nacht
und einen Engel, der bewacht,
dass sie blüht und gut gedeiht
und sich von tiefer Angst befreit.

Neue Liebe sucht und sehnt
und sich auf Wolke sieben wähnt.
Sie wankt und wogt,
wenn Zweifel tobt.

Neue Liebe ist ganz wild
heftig, laut und nicht gechilled.
Sie sucht sich selbst und findet dann,
auch ein Stück Glück mal ab und an.

Alte Liebe

angegraut,
wird nur selten noch mal laut.

Alte Liebe fügt sich drein,
kann sich nicht mehr selbst befrein,
aus dem täglich Einerlei
und endet oft im „Nebenbei".

Alte Liebe sichert ab
findet sich im tiefen Grab.
Bei Distanz und Höflichkeit
fehlen Worte weit und breit.

Alte Liebe hat gebaut
und Zukunft einst zu zweit geschaut.
Nun harrt sie aus, ist manchmal gram,
erträgt die Sehnsucht nur mit Scham.

Alte Liebe duldet viel
doch verliert die Lust am Spiel.
Sie klammert und befreit sich nicht,
sondern fröhnt der langen Pflicht.

Alte Liebe hat Bestand
findet statt noch Hand in Hand.

Alte Liebe ist verbunden
nimmt sich Zeit auch zu erkunden
des anderen Entwicklungsschritt
und geht ihn leicht verwundert mit.
Sie hört zu und sieht auch hin
erfüllt noch Körper und auch Sinn.

Tag 48

Doppeltes Leben,
das sich entwickelt.

Ungewollt.
Ungeplant.
Unbequem.
Ungewünscht.

Nein, eher
doppeltes Denken.
Doppeltes Fühlen.
Doppelte Liebe.

Doppelte Liebe?
Geteilte Liebe?

Verdoppelte Kraft?
Meistens.
Verdoppelte Zweifel?
Oft.
Verdoppelte Fragen?
Immer.

Erhöhte Energie,
Herzschlag,
der nicht ruht.
Gedanken,
die treiben
und trubeln.
Visionen
zwischen
sorgen
und jubeln.

Höhen,
die sich
überbieten,
Stürze
in riskanten
Gebieten.

Warten, wundern,
flehen.
Sehnen, träumen
vom baldigen
Sehen.
Erhofft,
verwünscht,
befürchtet.

Was kommt, was bleibt, was geht? Muss denn etwas gehen? Kann es sich nicht einfach verdoppeln?

Tag 49

Zwillinge, die seien wir,
hattest du gesagt zu mir.

Was das zu bedeuten
hat,
das habe ich
dich nicht gefragt.

Beim ersten Sehen
schon gespürt.
Der andere
hat tief berührt.

Das war
in den frühen Tagen.
Inzwischen gibt es
zu den Fragen
Auskunft zwischen
dir und mir
und weiter das Gefühl
von WIR.

Über lange Strecken
hin
ohne Chance und doch
voll Sinn.

Wie ein Zwilling
bist du mir,
offen steht
der Seelen Tür.

Ich wage es,
dich einzulassen
und mein
Herz zu überlassen.
Dir, den ich
nur haben
kann
als Zwilling,
aber nicht
als Mann.
Der du mich nur
haben kannst
solang dein Herz
vor Sehnsucht tanzt.

Tag 50

Ja, Zwilling hast du mich genannt
und hältst mich nun in deiner Hand.

Der Hand, der ich vertrauen will.
Mal streichelt sie, mal hält sie still.
Mal ist sie fordernd, meistens mild,
und oft macht sie mich bunt und wild.

Zwilling sein bedeutet mir,
mich zu finden nun in dir.

Zwilling war ich niemals nicht,
doch nun gibt es dein Gesicht,
das ungefragt und einfach da,
mal dunkel-lockend, mal ganz klar
sich vor meinen Tag jetzt schiebt
und mir Mut und Feuer gibt.
Mut für Worte, Mut zum Freuen,
Angst vor Hitze, Angst vorm Reuen.

Zwilling hast du mich genannt
und dich damit zu mir bekannt.
Nicht öffentlich, nur still verschämt,
damit sich niemand anders grämt.

Zwilling, sag, was wird aus dir,
wenn du bald stehst nah vor mir?

Wirst du trauen meiner Hand?
Dich überlassen mir als Pfand?
Dein Herz mir geben ganz und gar?
Verlieren dich mit Haut und Haar?

Zwilling sein bedeutet dir,
dich zu finden dann in mir.

Zwilling, lieber, glaube mir
bevor ich dich alsbald verführ,
nicht nur mit Worten, wie bislang.
Du warst verlorn von Anfang an.

Meine Hände braucht es nicht.
Dein Herz sieht ständig mein Gesicht
vor deinem Tag, in deiner Nacht.
Deine Farben sind erwacht,
hoffen, dass ich sie benenne
mich zu dir alsbald bekenne.
Still nur, aber nicht verschämt,
damit sich niemand anders grämt.

Tag 55

Es steht grad ein Dreiviertel-Mond,
der mit Nebeln sich betont …
Er steht am Himmel und erblickt
zwei Menschen, die er sehr erquickt.

Sie schauen hin, erinnern sich,
dass dieses volle Mondgesicht
neulich über Indien stand,
und schauen weiter ganz gebannt
in seinen Hof und seinen Glanz
und wünschen weg sich die Distanz.

Sie treiben auf einander zu
und fragen sich im Heut und Nu:
Was werden soll, was werden kann,
aus dieser Frau, aus diesem Mann?

Die gleichen Fragen immer neu.
Sie lägen gern in weichem Heu
und bänden sich die Hüllen los,
genössen sich erfreut famos.

Gäben sich einander hin
entfesselt und ganz ohne Sinn,
aber glücklich und betört
und ganz sicher auch verstört.

Doch sie wissen sehr genau:
Dass diesem Mann und dieser Frau,
andere Menschen angehören
und sie deren Wege stören
mit diesem Sehnen, diesem Tun
und sie fragen zaghaft nun,
was passiert, wenn sie ES leben
und einander sie sich geben
in des Gegenüber Hand
und erwarten dann gebannt,
was das Schicksal bringen mag
in nächster Nacht, am nächsten Tag.

Die alte Liebe dauert fort.
Die neue findet Raum und Ort
und ergänzt des Lebens Lücken
und kann beide so verzücken,
mit ihrer Freude, ihrer Kraft,
die neue Lust für alle schafft.

So sehnen sie sich unbedarft,
träumen nächtens Mondes-Schlaf.
Kommen ohne Körper aus
und lieben aus dem Herzen raus.

Tag 57

Ich schick dir
meinen Abendmond.
Damit sich auch
das Porto lohnt,
hab ich ihn recht klein
gedrückt
und das Päckchen noch
bestückt
mit einem winzig Stück Papier,
denn Worte wollen mit zu dir.

Es ist leichter sie zu schicken,
denn sie werden nicht verstricken
sich in wirrem Herzensfrust
und stecken fest in Sinnenlust.
Weder werden sie sich fragen,
ob denn auch an trüben Tagen
mit ´ner dicken Wolkenschicht
und ohne jedes Mondeslicht,
das Päckchen dich erreichen wird.
Noch sind sie davon dann verwirrt,
dass sie leichter sind zu schreiben
und genießen es zu treiben
im Glanz von diesem Abendmond
und wissen, dass der Weg sich lohnt.

Überwinden sie doch stets und immer,
in seinem gleißend hellen Schimmer
Kontinente, Grenzerzäune …
bringen wohlig warme Träume.

Es erklärt der Abendmond,
dass er gänzlich unbewohnt
gern die Reise unternimmt
und er sei gut eingestimmt.

Die Worte kuscheln an ihn ran
und treten ihren Weg jetzt an.

Es eilt zu dir
mein Abendmond,
der nochmal sein Licht betont.
Ich schick ihn zügig zu dir her,
denn er sehnt sich gar so sehr,
dir zu scheinen, dich zu sehen.
Er will vor deinem Fenster stehen
und beglänzen deine Haut.
Trotz der Ferne er vertraut
dich zu finden, zu erreichen
dir die Worte anzureichen.

Tag 58

Noch zwei Tage
sind es hin
und es schwindelt
mir der Sinn.

Sehen werden
wir uns dann.
Ich schaue mir
die Tüte an,
die ich grad
für dich gepackt
und nun sorgsam
eingesackt.

Was du wohl dazu
denken magst?
Und ob du dich
im Stillen fragst:
Was will sie mit
den Dingen sagen?
Tja, du kannst mich
später fragen.

Ich möchte „mit"
und ganz nah ran,
an dich,
den dunklen Edelmann.

Es knistert
leise das Papier.
Am Montag
steh ich dicht vor dir.

Tag 60

Das Treffen brachte hellen Frust!
Verbrämtes Lächeln, ganz bewusst.

Alle Fantasie – verfrüht.
Der Funken hat kein Stück gesprüht!
Freundlich war es und sehr nett.
Nervös, geschwätzig, unkokett.

Als wir beschlossen uns zu sehen,
begann ein Schutz sich aufzublähen.
Ein Mechanismus musste her,
damit er macht das Treffen schwer.

Der Kopf hat sich schnell ausgedacht,
was uns keine Freude macht.
Auch die Lust am anderen dämpft
und diese effektiv bekämpft.

Wir sind beide Realisten,
springen nicht in fremde Kisten,
um zu fröhnen schneller Lust
und zu ernten Dauerfrust.
Also haben wir gesehen,
was uns könnt im Wege stehen.

Das Gespräch, „direktemang"
ging zu Frau und Ehemann.

Ernüchterung im Tageslicht.
Deine Haare passen nicht!
Viel zu dunkel und leicht rot.
Ja, sie bringen mich in Not.
Frisiert sind sie leicht in die Stirn,
wölben sich nun übers Hirn.
Auch sind sie leicht anfixiert,
was mich extra irritiert.
Ich trau´ mich nicht sie anzufassen
und werde meine Hände lassen
in der Manteltasche drin
und es geht mir durch den Sinn:
Was einen Mann bewegen kann,
die Schläfen sich zu übertönen?
Der Eitelkeit so laut zu frönen?
Falten queren seine Haut,
doch das Haar ist nicht ergraut …
Nein, verjüngen tut das nicht,
blasser macht es das Gesicht
und verdächtig macht es auch.
Liftet er auch Brust und Bauch?

Wir suchen Themen, recht bemüht.
War das Treffen doch verfrüht?
Die Ellenbogen auf dem Tisch
zeigst du ein Benimm-Gemisch.

Die Schuhe sind recht rustikal.
Wenig schick ist auch der Schal.
Modisch ist mein Mann weit vorn
und du hast Punkte grad verloren.

Es ärgert mich, dass du nicht „spurst",
mich nicht beschwärmst und lockst und
gurrst.
Mein Haben-Wollen kommt mit Macht.
Ich streife deine Hand ganz sacht.

Unsere Hände finden sich.
Sie halten und sie mögen sich.
Doch sie entfachen keine Glut.
Fehlt es uns allein an Mut?
Nein, wir sind uns nicht verfallen.
Öffnen weder Knopf noch Schnallen.

Wir können voneinander lassen,
müssen nicht noch weiter fassen,
suchen keine andere Stelle
lösen keine wilde Welle,
brauchen keine Ecken suchen
und über viele Menschen fluchen.

Ja, wir hatten spekuliert,
wohin das Treffen uns wohl führt
und wir hatten auch bedacht,
dass unsere Wünsche bloß bei Nacht
die Seelen uns vielleicht erhellen
und am Tage leicht zerschellen.

So sitzen wir in dem Bistro,
sind erstaunt und auch fast froh.
Die Lust, sie fand im Kopf bloß statt.
Im Miteinander blieb sie matt.
Unsre Körper suchten nicht,
es reichte uns das Angesicht.

Wird nun etwas weiter gehen?
Werden wir uns wiedersehen?
Wie schnell, wie dringend wird das sein?

Werden wir uns weiter frein?
Uns vertagen auf die Nacht,
wenn die Sehnsucht dann entfacht?
Die Worte neu,
behutsam-scheu
wieder zu einander streben
uns in schöne Träume heben?
Und leben wir sie dann zu Haus
flugs mit unsren Gatten aus?

Tag 72

Lieber, ich erklär dir jetzt,
was du an mir magst und schätzt:

Widerspruch und freien Geist,
der mit dir durch Träume reist.
Sinnlichkeit und gutes Kochen,
zarte Lippen, schlanke Knochen.

Ab und an 'nen schnellen Kuss,
gefährdungsarmer Klein-Genuss.
Kurze Treffen, lange Pause
und Nachrichten, die ständig sausen
zwischen dir und mir dahin.
Das gibt weder Halt noch Sinn,
doch gliedert unsere Tage auf
und zerteilt den Alltagslauf.

Ich werd' gebraucht, will hier nicht weg,
da hat Leugnen keinen Zweck.
Ich seh' es klar und nehm' es an
finde Nischen dann und wann.
So werd' ich dich im Kopf betören
und dein Leben wenig stören.

Das Leben ist gut eingerichtet,
so dass keiner sehr verzichtet.
Hast gefunden Zeit und Raum
und lebst für dich den schönen Traum
vom Selbst und Sein
von Einheit, Frieden, Sonnenschein.

Zuhause ist kaum Leidensdruck,
darum geht auch kaum ein Ruck
von dieser neuen Lage aus.
Jeder hütet Herd und Haus,
betrachtet wie es da so ist,
bemerkt auch, was er dort vermisst.
Doch 100 Punkte gibt es nicht
und auch nicht ständig Mondeslicht.
Jeder weiß was er selbst hat
und war davon bisher gut satt.
Die Zeit wird zeigen, was gewinnt.
Wir schwärmen, während sie zerrinnt.

Wir sind des andren Projektion
und wissen dabei heute schon,
das Bremsen und das Zögern auch
kommt vom Kopfe und vom Bauch.

Wir sind keinem Wahn erlegen,
können uns bislang nicht geben
trunken in ein neues Glück
schrecken ständig dann zurück,
wenn ein Wort, ein fremder Ort
die Möglichkeit dann offenbart
wird im Innern schnell und hart
ein kleiner Kämpfer aufgeweckt,
der holt aus seinem Sturmgepäck
Vernunft und Argumente raus
und treibt die *Möglichkeit* hinaus.

Wir wiegen und wir messen uns
werben um des and´ren Gunst,
fragen uns, was kommen mag
und hangeln uns von Tag zu Tag.
Mal sinnlich und voll Leidenschaft,
dann zweifelnd an der Hoffnung Kraft.
Wir lassen ein die Sachlichkeit
besprechen unsre Glücklichkeit,
die uns grad gefunden hat,
und reden sie uns lang und matt.

So schreiben wir uns oft und nett,
gefährden weder Haus noch Bett.
Als Lebens-Freundin, hoch geschätzt,
willst du mich im Hier und Jetzt.

Doch wie wär´ es liebestoll
hingerissen, mutigvoll …?
Lieber, Edler, bleib bei mir,
als Freund und möglich „Liebes-Tier".
Noch ist weder Raum noch Zeit
für gelebte Zweisamkeit,
doch lass uns gehen sanft voran
vielleicht kommt unsere Zeit noch dran …

Tag 77

Glück lässt sich in Zeit bemessen
und es ist auch angemessen,
um 5 Stunden sich zu sehen
lange Zeit im Stau zu stehen!

Das Auto kalt, die Sicht getrübt
sind wir heftig dann bemüht
am Treffpunkt pünktlich anzukommen.
Lächeln stets und ganz versonnen
vor uns stets und leise hin
den And´ren haben wir im Sinn.

Musik stimmt auf das Treffen ein.
Kann der da vorn nicht schneller sein?
Der Verkehrsfunk macht uns bang.
Mist, die Staus sind richtig lang.
Unsere Route – nicht dabei,
na, dann ist´s uns einerlei!

Wie sollen wir den Tag verbringen?
Müssen wir uns ständig zwingen,
nicht zu küssen und zu schmusen,
strubbelig und voller Flusen
mitten auf der Straße stehend
nicht Verkehr noch Menschen sehend?

Fremde Stadt und kein Quartier,
sag mir bloß, was machen wir?

Können von einand´ nicht lassen
müssen stets den and´ren fassen
an die Hand und durch das Haar?
Deine Augen blitzen gar
in diesem trüben Wetterlicht
zauberst du mir freie Sicht.
In dein Herz – und deinen Kragen,
meine Hände möchten wagen
sich zu schieben unter´s Hemd.
Alles in mir schwingt und brennt.

Du hältst mich fest und nah bei dir,
spürst auch jeden Hauch von mir.
Deine Hände streicheln mich,
erfüllen mich mit Zuversicht.

Wir nehmen außer uns nichts wahr.
Diese Stadt ist sonderbar?
Für uns ist das total egal,
wir treffen uns hier illegal.

Die Stadt, sie liegt auf halber Strecke
und während ich dein Ohr jetzt necke,
geht mein Blick diskret zur Uhr.
Eine kleine Stunde nur
ist uns noch vergönnt.
Wenn ich dich nur haben könnt
öfter als im Monatstakt,
doch die Sache ist vertrackt.
Du „in Ehe" und ich auch
erhalten wir den langen Brauch
wissen um die Brüchlichkeit
und pflegen so die Heimlichkeit.
Wir mögen unsre Gatten gern,
und halten uns getrennt und fern.

So sehen wir uns ab und an
wünschen, dass nicht Frau, nicht Mann
von unserm Sehnen je erfährt,
das schon viele Wochen währt.
Auch wollen wir unsre Kinder schützen
und nicht nur kopflos selbst uns nützen.

Jeder lebt in seiner Welt,
die nun der andre ihm erhellt.
Verstehen wird uns mancher können,
doch dieses Glück uns kaum vergönnen.
So rätseln wir, was werden wird,
zu zweit, zu acht – ganz separiert?

Tag 82

Bei Tag
und hellem Sonnenlicht
da geht´s,
ich seh´ den Abschied
nicht.

Der Mond war
gestern sichlig, trüb
nun ist er fort,
ich bin noch
müd.

Wir werden uns
noch einmal sehen
und später dann
am Fenster stehen.

Den Mond betrachten
und uns fragen
werden wir es jemals
wagen
diese Liebe
zu bekennen?

Nein, wir werden
still nur brennen.

Genießen, sehnen,
tapfer sein,
zaudern, zanken,
hoffen, schrein.

Tag 90

Dich friert
im Innern.
Was ist los?
Komm zu mir
in meinen Schoß,
lege deinen Kopf hinein.
Gleich wird es dir
dann wärmer sein.

Meine Hände
streifen sacht,
behutsam und
mit viel Bedacht
durch dein Haar
am Hals hinab,
an der Schulter
dann bergab,
ruhen aus
auf deiner Brust
streicheln fort
den Zorn und Frust.
Nehmen ihren
Weg dann auf,

wandern deinen
Mund hinauf,
streichen eine Linie glatt,
die den Tagesgroll hat satt.
Schließen deine Lieder zu,
finden auch dein Ohr im Nu.

Meine Hände treffen sich,
schließen sich nun fest um dich,
halten deinen Nacken warm,
lagern sich auf einem Arm,
fahren bis ans Handgelenk,
wagen einen tiefen Schwenk.

Erwartungsvoll nun wächst und reckt
ein strammer Muskel hochgeneckt
sich in die Höh´, sich stolz erhebt
und unter weichem Stoff erbebt.

Du wendest deinen Kopf jetzt um,
blickst mir in die Augen stumm,
findest für den Augenblick
in meinem Schoß ein warmes Glück.

Tag 96

Nein, genügsam
bin ich nicht!

Behalten will ich
mein „Gewicht"
in deiner
Sonder-Lebenswelt.
Und weil mir
einzig nur gefällt,
was entsteht
aus eignem „Wollen"
und sich entwickelt
ohne „Sollen",
nehme ich mich
knapp zurück
und halt Distanz
ein gutes Stück.

Abstand zu mir selbst
und dir.
So bleibt das „Wollen"
lange hier.

Jede Pause
im Kontakt:
Schon fühlt
der andre
sich ganz nackt.
Neue Ängste
brechen auf
was passiert
im Lebens
Lauf?

Geliebte

tun dem Leben gut!
Sie geben Sex und machen Mut.
Selbst Ehen bringen sie voran.
Für die Frau und auch den Mann.

Denn war es vorher lau, verflacht,
sind sie nun stets angemacht.
Frust und Fadheit sind gewichen
Geliebte machen ausgeglichen!

Geliebte, ob als Mann, als Frau
wissen aber selbst genau:
Ihr Status wankt, ist angreifbar
und wechselt zwischen kühl und nah.

Ungewissheit massenhaft,
die Ängste und auch Wut erschafft.
Geliebten-Status: Lust und Last
heiß begehrt und tief verhasst.

Verhasst, ja, denn es strengt schon an,
zu halten seine Lebensbahn.
Das Basisleben mit den Gatten
wirft durchaus so manchen Schatten.

Kernfamilie, Zeitnot, Pflicht:
Fremd zu gehn gehört sich nicht!
So hetzt man voll Gewissensbissen …
Die **Geliebten** aber missen?

Sie geben so viel Spaß und Sinn
und sich selbst so herrlich hin!
Spenden, ja, so viel Genuss,
verjagen Laschheit und Verdruss!

Jeder sollt´ **Geliebte** haben,
sich erfreuen und still laben!
Die Familie … weiter hegen,
das Liebes-Glück sehr sorgsam pflegen!

Tag 117

Und wieder bist du grad „weit weg".
Dass Vollmond ist hat seinen Zweck.

Er weist dir deinen Weg zurück
und scheint zu unserm großen Glück.
Hier wie dort genauso hell.
Er sendet unverdrossen schnell
Nachrichten von dir zu mir,
ohne jedes Blatt Papier.

Sehnsucht macht sich heftig breit,
doch sind wir beide nicht bereit
uns aufeinander einzulassen
und unsere Partner zu verlassen.

Nein, Geliebte sind wir nicht,
doch Gefühle mit Gewicht
treiben uns alltäglich um,
lösen aber Drumherum
bisher keinen Schaden aus,
denn wir hüten Herz und Haus.
Jeder seins und vehement
sich gegen die Erkenntnis stemmt,
dass es so nicht bleiben kann,
als treue Frau und treuer Mann.

Treue, sag, wo endest du,
wenn wir uns treffen kommt im Nu
zum Schauen auch die Hand dazu.
Der Umarmung folgt ein Kuss
ein Streicheln voller Hochgenuss.
Wir halten knapp die Grenze ein,
die uns trennt vom Treulos-Sein.
So können wir mit gradem Blick
kehren jeder stets zurück.
Zu eignem Haus und eignem Herd
und fühlen uns fast unbeschwert

in des Partners Gegenwart:
Wir haben uns ja aufgespart!

Sind besser drauf, als je zuvor
und heben dabei stets hervor,
wie wichtig die Familie ist
und dass keiner je vergisst,
dass die Ehen sind bewährt.
Und jeder in den Urlaub fährt,
wie gehabt seit vielen Jahr´,
als eingespieltes Ehepaar.

So ist es grad im Augenblick.
ihr im Osten, recht weit weg.
Wir zu Haus und – gar kein Gag,
bereiten diesen Abend vor,
wispern in des anderen Ohr,
wie gut er wieder aussehn wird
und sind damit auch schon zu Viert.
In der kleinen Märchenwelt,
die uns grad gefangen hält.

Ahnen wirklich alle nicht,
dass nachts und auch bei Tageslicht,
wir denken an einander stets
und tauschen uns beständig aus
und schreiben uns in einen Rausch,
dass wir planen uns zu sehen
und zwischendurch vor Lust vergehen
-        würden
wenn wir uns denn ließen und uns trauen
-        würden
zu genießen des anderen Mund und Hand
und hielten uns nicht wie gebannt
streng von einander
(noch) getrennt ...?

Tag 118

dich, malend, vor des Himmels Blau,
träum ich sinnend ganz genau.

Schmale Hüften, schlank behost.
Wind, der dir das Haar zertost.
Ein Hemd, das dich nur leicht umschließt,
ein Bergblick, den du still genießt.

Die Staffelei, aus hellem Holz.
Die Farben gleich daneben,
wiegst dich auf schmalem Fuß
und wirst die Hand gleich heben.
Was kommt auf die Leinwand drauf?
Was geht dir grade durch den Sinn?
Wo will der haarig Pinsel hin?

Mond und Zwilling kommen vor,
ein Hörnchen mit gespitztem Ohr.
Kunigund und Engelbrecht.
Ein Quietsche-Entchen, passt nicht recht.
Schaumgekröntes Badetier,
tauchend auf dem Grund zu dir.

Ludwig und das Birkenwäldchen.
Glatte Bänder, ohne Fältchen.
Kein König. Keine Königin.
Doch ein Ross mit 7. Sinn.

Eine Burg, mit hohem Tor
und einer Brücke noch davor.
Das Wäldchen ist ganz licht und hell,
und das Ross erreicht es schnell.
Weiche Lichtung, sonnenwarm
Ein zärtlich ausgestreckter Arm.
Haar, gekringelt, leicht verschwitzt.
Über Körpern, die erhitzt …

Ich bring dir Worte zu Papier.
In Bildern eilen sie zu dir.
Überwinden einen weiten Weg,
bauen einen warmen Steg,
der uns führt einander zu,
durch Raum und Zeit in großer Ruh.

Nimm die Worte in dir auf
und lass dem Pinsel seinen Lauf.

Dich, malend, vor
des Himmels Blau.
Träum ich sehnend
ganz genau.

Jahreswende

letzter Tag.
Was das Jahr wohl bringen mag?
Der Blick zurück ist leicht getan.
Der Blick nach vorn, den geh ich an.

Das „Hier und Jetzt" ist schnell erklärt:
Lange Ehe, oft bewährt.
Die Vertrautheit hat Bestand.
Seit 15 Jahren Hand in Hand.
Etwas müde und verbraucht.
Die Leidenschaft kühl angehaucht.

Gut erprobt im Einerlei,
gehen wir hindurch als „Zwei".
Die Kinder, beide noch im Haus,
breiten schon die Flügel aus.
Unverzichtbar bin ich noch,
aber es erscheint ein „doch …"

Die Zeit, sie läuft nun schneller ab.
Nah der 50 wird es knapp …
„Endlich" ist die Rest-Laufzeit …
doch, es ist noch nicht soweit!

Neue Ziele finden mich.
Bunte Bilder malen sich.
Worte wollen zu Papier
drängen sich heraus aus mir.
Stellen Fragen, klären nichts,
spekulieren und taktieren
raffiniert und dauerhaft,
nehmen in die „Sippenhaft".
Gefühle wirren,
Ideen schwirren
unsortiert
und unverzüglich
hart pariert.
Sie locken mich mit ihrer Pracht,
schwärmen aus, bei Tag und Nacht.

Unvernunft, sie macht sich breit
und tut als wäre sie bereit,
dieses Wagnis einzugehen
und es heil zu überstehen …

Jahreswende, letzter Tag.
Was das Jahr, wohl bringen mag?

Tag 148

Ist dir diese Liebe
Last?
Verlässt du
mich in grauer
Hast?

Ich flüchte mich
in forsche
Küsse,
greife keck
in deine
Nüsse.

Bloß nicht
schaudern,
bloß nicht
zagen
und vor allem
keine Fragen!

„Will du mich
noch immer,
sehr?!

Die Angst,
sie treibt dich
vor sich her.

Bloß nicht
gut sein,
bloß nicht
loben.
Dann doch besser
Rückzug. Toben.

Du hast stets
das Jetzt
im Sinn.
Gibst dich
niemals wirklich
hin.

Du scheust
vor Liebe,
nennst sie Last
kommst mit
Argwohn
gehst in Hast?

Tage 156

Ich verstehe
es nicht.

Du bist krank,
sagst du,
sprichst aber von Ruhe brauchen
und Chaos vermeiden
und, dass du mich
gern küsst und spürst
und streichelst,
aber dass DAS
alles kompliziert macht
und das Schöne
zerstört und du
soviel
Liebe zu geben hast ...
Wem?

Von mir zuckst
du offenbar grad zurück.

Ich werde versuchen
mich rar
zu machen
und zu enthalten.

Es gab
schon einige Enttäuschungen
mit dir.
Wegen dir,
aber ich bin auch wieder
an das Schreiben gekommen.
Also, alles gut
für irgendwas?!

Grad bin ich enttäuscht,
zum mehrfachen Mal
ernüchtert.
Doch nur ein Wortheld,
der verharrt
und nichts wagt?
Der bloß weiche
Muskeln hat?
Oder keine?
Und sonst?
Der seine Geschichte und Narben
pflegt
und sich nicht traut – Wortheld eben,
müder!

Tag 169

Hinter meine Lider,
ring´ ich Tränen nieder.

Unaufhaltsam fährst du weg
minütlich, stetig, Stück um Stück.

Zwischen uns wächst Zeit und Raum
und beendet unsern Traum
vom morgendlichen Wiedersehn.
Nein, der Abschied, gar nicht schön.

Die Hände kalt, das Herz erst recht.
Ich bin traurig fühl mich schlecht.
Noch vor Minuten Arm in Arm
Dein Duft, Dein Körper, so schön warm.

Nun stehe ich im Raum allein
und möchte wieder bei dir sein.
Wie gestern und den Tag zuvor.
Dein Haar berühren und dein Ohr.
Streichen um dein raues Kinn
dich haltend, mit leicht wirrem Sinn.
Schwindelig von deinem Kuss.
Wirst du mir zum Lebens-Muss?

Stütz die Stirn in meine Hand.
Hab die Wucht total verkannt,
die sich aus der Rückfahrt schält
und mich nun mit Sehnsucht quält.

So tief der Sturz aus kleiner Höh´,
tut mir die Entfernung weh.

Was mag sich in dir grade regen?
Welche Fühlung dich bewegen?

Hörst du Musik? Fühlst dich allein?
Möchtest lieber bei mir sein?

Die letzte Stunde war nicht leicht.
Dein Blick auf Abstand schon geeicht.
Leer ging er ins Fenstereck.
Ein bisschen warst du da schon weg.

Die letzten Stunden, ganz formell,
vergingen sie so qualvoll schnell.

Ein Lächeln ins Gesicht gesetzt
und durch die kleine Stadt gehetzt,
auch wenn der Schritt gemächlich war,
dass Zeitenende absehbar.

Vernunft im Tun und auch im Wort.
Nun bist du wieder lange fort.

Stumpf fühlen sich die Knochen an.
Die neue Nacht wird dunkel-lang.
Doch am Ende wird sie licht
sicher, Herz! Nein, sorg´ dich nicht.

Diese Liebe setzt sich fort,
findet neben Zeit auch Ort.

Allein im Auto fährst du fort.
Zurück an deinen Heimat-Ort.

Tag 176

Doppel-Liebe,
kann es das geben?
Kann man
zwei Menschen
gleichzeitig lieben?

Gleich intensiv?
Gleich bewusst?
Wann kommt der
Kummer?
Wann der
Frust?

Alte Liebe,
die manches
vermisst.
Und neue Liebe,
die die Gatten
nicht vergisst?

Neue Liebe,
die sich sehnt
und doch
die Partner
stets erwähnt?

Lange Ehen
auf beiden Seiten.
Angegraut,
doch ohne
streiten.

Vertrauter
jahrelanger Trott,
doch in der Wurzel
durchaus flott.

Kein Grund
zur Trennung,
wirklich nicht.
Doch nun
ein anderer
Mensch
im Licht.
Reizvoll anders,
doch so nah.
Ein Gefühl,
ganz sonderbar.

Kinder haben
alle beide.
Die Frage ist,
wie man
vermeide,
dass deren
Wohl
ein´ Schaden
nimmt.
Das Denken wird
davon bestimmt.

So drosseln sie
ihr Liebeglück.
Maß und Mitte
fest im Blick.

Sind zum Partner
weiter nett,
teilen Leben
und auch Bett.

Sie ringen sich
manch Stunde ab.
Die Zeit ist
jedes Mal zu
knapp.
Sie finden Nischen
und auch Raum,
halten ihre
Sucht im Zaum.

Im Schreiben
ist die Nähe leicht.
Das Miteinander
aber zeigt:
Die alten Partner
haben Kraft.
Die neue Liebe,
es nicht schafft
zu durchdringen
dumpfes Licht …
Lange Liebe
hat Gewicht.

Wie kann es sein?

Mein Mann ist grade
schwer verwirrt,
weil *SIE* seinen
Kopf durchsirrt.

Er steht im Flur,
tippt SMS,
leicht klamm und
noch im Seglerdress.

Mir dreht es gleich
die Seele um.
Gleich zwei Männer
irr und stumm.

Der eine kennt mich
lange Zeit,
und ist offenbar
bereit
sein Lebensziel
neu zu bedenken
und seine Liebe
umzulenken.

Der andere verkopft,
weit weg
verfehlt grad seinen
Daseinszweck.
Umworben sein,
das gab mir Halt,
doch nun ist es
wüst und kalt.

Zwei Männer
auf dem Finderpfad …
Ich wappne mich.
Mach mein Kreuz grad.

Was will ICH?
Wer ist was wert?
Nein, ich stürz mich
in kein Schwert!

Ich werde wach und
wehrhaft sein,
mich nicht verkleinern,
bloß zum Schein.
Ich werde sagen,
was ich will,
nicht laut, nicht klagend.
Klar – doch still.

Die Geliebte

sinnlich-biegsam,
hübsch und meistens äußerst schmiegsam.
Geduldig und doch schnell bereit.
Klug und doch nicht zu gescheit.
Gut gebaut und etwas keck
erfüllt sie ihren Daseinszweck,
wenn sie ihn recht glücklich macht
indem sie seine Lust entfacht.

Reden soll sie witzig können,
doch ihm auch sein Wort stets gönnen.
Den Geschichten strahlend lauschen,
und dabei die Nüstern bauschen,
wenn sie seinen Mund betrachtet
und in seine Augen schmachtet.
Gepflegt gekleidet und mit Stil.
Nein, ein Mann verlangt nicht viel.

Schöne Hände braucht sie auch,
zu streicheln seine Brust und Bauch.
Volle Lippen, Zähne weiß
und eine Zunge rosig-heiß.
Glatte Haut und weiches Haar
Ja! Diese Frau ist wunderbar.

Die Geliebte schwärmt und schwelgt,
sie sprüht und lacht und niemals welkt …
die Hoffnung, dass sie werden kann,
die Erst-Frau einst für diesen Mann.

So turtelt sie und lockt und gurrt,
bis er an ihrem Nacken schnurrt:
„Komm, mein Herzchen, lass uns gehen
ich will dich ohne Kleider sehen."
Sie zwinkert, streckt und dehnt sich leicht,
wenn er ihr den Mantel reicht.
Galant hält er die Tür ihr auf,
legt seine Hand auf ihre drauf.
Im Auto schaut er tief sie an
er weiß, nun kommt das Beste dran.
Die Tür zum Zimmer aufgeschwungen,
hat er sie schon fest umschlungen.
„Nicht so hastig, warte ab,
ich bring dich noch genug auf Trab.",
sagt sie und vertröstet sacht
ihn auf eine lange Nacht.

Wer weiß, ob seine Kraft auch hält
und er ihr genug gefällt,
um sich zu geben und zu schenken
und nicht an seine Frau zu denken.
Sich entspannt und ohne Frust
zu winden völlig in der Lust.

Zu vertrauen und zu nehmen,
ohne dass Gedanken lähmen
die Erotik und den Takt
sich zu bewegen pur und nackt.
Haut und Hände, die sich finden.
Bänder sich um Glieder winden.
Blicke, die jetzt alles sehen.
Den Körper ohne Text verstehen.
Den Geruch, als Glück erlebt.
Das Geräusch, wenn alles bebt.
Hart und weich perfekt ergänzt.
Feuchte, die auf Muskeln glänzt.
Die Erlösung dann erreicht,
nun ermattet und erweicht.
Durstig und mit rauer Kehle.
Wasser hilft der wirren Seele
und dem Körper zügig auf
für den nächsten Liebeslauf.

Die Geliebte schaut und wähnt,
ob er müde ist und gähnt.
Nein, wie gut, er ist noch munter
und blickt erfreut an ihm hinunter.
Unter ihm ist alles – *sie*
verschlungen sind noch Bein und Knie.
Getrennt, das sind sie auch noch nicht,
er verlagert sein Gewicht,
stützt sich auf, streicht durch ihr Haar:
„Ja, du bist wirklich wunderbar!"

Die Geliebte freut das sehr
und sie nimmt sich gern noch mehr
von ihm und seiner Männerkraft
und dem samtig Freudensaft.
Doch sie sehnt noch mehr herbei,
dass er öfter bei ihr sei,
mit seinem Herz und liebend Wort.
Doch still – sonst treibt es ihn bloß fort.

Die Geliebte schweigt und friert,
während er sich schnell rasiert.
Er pfeift im Bad und duscht und singt,
während ihr der Mut grad sinkt.

Sie muss lächeln, tapfer sein
und sie wahrt gekonnt den Schein.
Küsst ihn sanft und winkt ihm flott.
Er ist längst im Tagestrott.
Denkt an zu Haus und ans Büro.
Er ist überwältigt froh,
dass er **die Geliebte** fand.
Ach, so feurig und gewandt.
So geduldig und so zart
selbst, wenn sie ihn bändigt hart …
So genügsam, pflegeleicht
wenn sie sich zum Lieben neigt …

Der Geliebte

soll präsent,
höflich, schön und sehr potent,
verfügbar und gefällig sein …
Verschwiegen und auch nicht zu klein.

Erfinderisch und wortgewandt
mit wachem Geist und starker Hand.

Hören soll er können gut
auf sie vor allem und mit Mut
… bestückt auch sein,
damit ohne Mondes-Schein
galant er sie zur Tür noch bringt.
Sie oft mit Rosen auch umringt …
Auf den Lippen ein Gedicht,
streicht er sacht ihr durchs Gesicht
und weiß, wann er zu schweigen hat:
Wenn sie nach der Liebe matt.

Er sollte ihren Wein gut kennen,
sie ansehen und beim Namen nennen,
ihr flüstern: „Du bist wundervoll
und deine Beine, einfach toll!"

Der Geliebte wird gebraucht,
wenn daheim die Lust verraucht.
Wenn der Alltag trübe ist
und das Bunte wird vermisst.

Duften soll er, Haare haben
Humor und Muskeln zum Dran-laben …

Gespräche dürfen sich beschränken,
Themen bunt sein und nicht kränken.
Schwelgen soll er, schwärmen gern
und am liebsten von recht fern.

Bloß nicht drängen
und nicht zwängen
in ein Muster, einen Takt,
denn sonst wird es schnell vertrackt

Trott und Enge gibt´s daheim,
mit ihm da soll es „leicht" bloß sein.
Keine Pflichten, kein Verdruss
und Erotik voll Genuss.

Spiele voller Neckerei,
Spaß und bloß kein Einerlei.

Und während sie ihn innig spürt,
bleibt ihr Status unberührt.
„Entweder-oder" steht nicht an
denn *dafür* ist er nicht der Mann.

So nimmt sie ihn „sowohl-als-auch"
und streicht hinab zu seinem Bauch.

Der Geliebte ist entzückt,
dass er sie so sehr entrückt.
Sein Mann-sein darf er kraftvoll leben
und muss dafür sich selbst nicht geben.

Er kann bleiben, wie er ist
und wird dafür sogar vermisst.

Keine Last und keine Pflicht,
doch Liebesrausch bei Kerzenlicht.
An schönen Orten voller Lust
statt Arbeits- oder Stimmungs-Frust.

Worte, Küsse ... hin und her,
das Leben ist grad gar nicht schwer.
Doch sind die Grenzen gut bewacht
und streichelt er sie noch so sacht ...

Nur das Schöne

will ich haben,
nur das „Plus des Tages" sein.
Keine Lasten will ich stemmen.
Will den rosaroten Schein.

Keine Pflichten
werd ich tragen.
Keines Menschen Wunschbild sein.
Keine Rechte werd ich fordern,
der freie Wille, er sei mein!

Keine Liebe
werd ich nehmen,
die nicht gern gegeben wird.
Keine Freude lustvoll bieten,
wenn sie letztlich schmerzt und irrt.

Nicht mehr zwingen
will ich mich.
Nicht mehr bitten oder warten.
Nicht taktieren oder zweifeln.
Sonne, Meer, ein wilder Garten.

Nicht erklären,
nicht mich fragen,
ob ich gut war, ob es reicht,
sondern finden und erkennen
lebensvoll erfüllt, statt seicht.

Nicht mehr plagen
sollen uns,
die Zweifel an mir selbst und dir.
Lass uns liebevoll dann wenden
jeder sich zu seiner Tür.

Tag 217 ganz früh

Stell den Wecker
wenn du
liebst,
damit du keine
Zeit vergibst.

Schnell, ich will dich
wach und frisch
im Bett, im Bad
und auf dem Tisch.

Aber *gleich* das
wäre gut,
denn warten nervt
und nimmt den Mut.

Warum musst du *heute*
schlafen,
wo du mir so nahe
bist?
Komm mit tiefen
Augenschatten
zeige, dass du mich
vermisst.

Komm verstrubbelt,
unrasiert
eil´ dich,
weil es dir
pressiert
mich zu halten
mich zu lieben.

Ach, die Uhr
ist weit vor
sieben …

Tag 217 schlummernd

Sinkt mein
Stimmungs-Pegel.
Wo bleibst du bloß,
geliebter Flegel?

So kurz ist doch nur
unsre Zeit.
Ich warte und bin sooo
bereit!

Doch *du* schläfst aus
und frühstückst nett.
Ich zauder, grolle
denk an´s Bett.

Wie kannst du bloß
die Zeit vergeuden,
statt zu bereiten
Sinnesfreuden?

Mann und Trägheit,
eng verpaart.
Dafür hab ich mich
aufgespart?

Tag 217 wenig später

Nein, noch länger wart´ ich nicht!
Vor allem nicht auf dich, du Wicht!

Geliebte, hast du mich genannt,
meine Tür fast eingerannt.
Nun hältst du dich bedeckt und fern.
Doch, klar, du magst mich weiter gern!

Die Gattin hat Geburtstag heut.
Für mich ist da grad keine Zeit!

So schweigst du hin von Stund zu Stunde,
wie komm´ ich heut bloß um die Runde?
Ich frag mich, was dich grad besticht?
Ich, so scheint´s – ich bin es nicht …

Viele Kilometer weg
fresse ich mir an den Speck.
Wozu mich denn noch schlank erhalten,
wenn du dich reckst nach Dürr-Gestalten?
Nach Blondies mit´ ner Plastik-Brust?
Das macht mir richtig tiefen Frust.

Vor noch gar nicht langer Zeit
machtest du dich flugs bereit
mir zu sagen, wo du bist
und dass du mich ganz arg vermisst.

Nun kommt NIX im Stundentakt,
ich fühle mich beschämt und nackt.
Ich darf mich sorgen und auch fragen,
welche Dinge dich wohl plagen?
Das Geschenk für deine Frau?
Fand sie es zu klein, zu lau?
Du gibst keine Zeichen her
und mir damit das Leben schwer!

Du willst frei und fröhlich sein,
keine Pflicht nur Liebes-Schein.
Doch ich stehe nicht bereit,
auf Abruf für ´ne Vögelzeit!

Wenn´s dir passt, bist du so nett
und rufst mich zügig für dein Bett.
Dann säuselst du die liebsten Texte,
schwärmst ich sei die Schönste, Beste,
machst dir Mühe, kümmerst mich,
hörst mir zu, dann mag ich dich.

Bist zärtlich und ein toller Mann,
der nicht nur lange lieben kann.
Fantasievoll, heiß und hart,
ebenso wie sanft und zart.

Doch dann geht das Telefon,
diese Szene kenn ich schon.
Die Familie, erste Wahl.
Ich lausche still in dunkler Qual.

Nun schüttelst du mich zügig ab,
denn es wird grad eng und knapp.
Gerade noch der tolle Hecht,
fühlst du dich ertappt und schlecht
Du weißt, dass es gefährlich wird
und der Heimweg nun pressiert.

Das Konstrukt, es darf nicht wanken
Kinder, Ehe, klare Schranken.

Ich soll nehmen, was du gibst
und dann sagen keinen Pieps.
Zufrieden soll ich sein und still
und an dir küssen, was ich will,

solange es dem Herrn gefällt
und dir nicht den Spaß vergällt.

Ich sage dir:
„So will ich´s nicht!"
Vor allem nicht
mit dir, du Wicht!

Tag 408

Nein, ES ist noch nicht zu ende,
doch ES hat sich aufgebraucht.
ES prickelt nur noch leise,
die Lust ist strudelnd abgetaucht.

Die Pflicht, sie hat gewonnen.
Die Sehnsucht, liegt besiegt,
im Abgrund ganz benommen.
Das Mondeslicht verfliegt.

Wir sehen uns nur selten,
doch wenn, mit voller Wucht.
Wir schreiben uns recht wortarm.
Wir sind noch auf der Flucht.

Enttäuschung, Zorn und Leere.
Getrieben-Sein und Schwere.
Tage füllen, Kompromiss.
Es fehlt an Buntem, Spaß und Schmiss.

Doch wir sind auch von Stolz erfüllt.
Der Rücken ist ganz grade.
Der Irrwitz fort, das Wilde auch.
Verstandsgeführt, recht herb und schade.

Ja, wir sind jetzt wieder brav.
Am alten Platz und nicht mehr scharf.
Ja, wir sind der Sinne mächtig,
doch das Herz, ist lau und schmächtig.

Vernunftbeschwert,
statt glücksversehrt.
Wird ein Los-Wort schon genügen
und wir starten neu zu trügen?

Das Feuer, einmal angefacht,
löscht sich schwerer als gedacht.
Wohin es führt?
Wer weiß das schon?
Ungewissheit, ist der Lohn.

Der Reiz bestand im Ab und An.
Im Auf und Ab und der Distanz.
Trotz Ehefrau und Ehemann.
Voll Widerspruch und Diskrepanz.

Wird sie nun auf immer bleiben,
diese Unrast, zweifelvoll?
Werden wir uns ganz vertreiben?
Oder harren oll und doll?

Deine Antworten

lassen auf sich warten,
die Pausen werden länger.

Um bereit zu sein,
braucht es Wein.
Der Ton ist rauer.
Der Sex kürzer.
Der Mund verzerrt,
die Augen geschlossen,
der Duft, nicht mehr sinnlich,
Alles klebt und stört.

Nicht mehr schön,
das Ruhen danach.
Schnelle Flucht,
der Gang ins Bad.
Die Dusche heiß und lang
und dringend nötig.

Der Geruch muss ab.
Ein einzelnes Haar.
Bloß weg damit.

Wie konnte es
dazu kommen?
Einst so viel Liebe
Gefühl, Hoffnung …

Wann wurde aus
Verlangen
Pflicht?
Wann löschten
wir sofort
das Licht?

Seit wann
schauen wir
uns nicht mehr an?
Beim Liebesspiel?
Seit wann sind WIR
vorbei?
Wann werden wir uns
dem Ende stellen?
Und gehen?

Mein Mann und ich

wir sprachen viel.
Halt zu finden war das Ziel.

Sich nicht von außen treiben lassen
und womöglich zu verpassen,
sich zu sagen, wo wer steht:
Was den Kopf, das Herz bewegt.

Ja, unsere Liebe war verschüttet.
Jedoch nicht bös´ und nicht zerrüttet.
Ja, es gab Begeisterung
für andere, mit wildem Schwung.

Doch es gab auch viel Substanz
zwischen uns und Toleranz,
auf Ziele und Konsens bezogen.
Und - wir hatten nicht betrogen.

Wir fanden uns in stillen Zeiten.
Tiefe Nähe, ohne Streiten.
Vertraute Hand, bekannter Duft.
Wein und Sonne, Abendluft.
Alle Sinne noch betört.
Kein neues Suchen, das verstört.

So fragten und so plagten wir
uns beide schwer - und auch uns vier.

Kinder, Freunde und Kollegen
alle würde es bewegen,
falls wir unsere Leben trennen,
zu neuen Partnern uns bekennen.

Viele würden staunen, leiden.
Und manche den Kontakt wohl meiden.

Wie viel Verluste wär´n zu tragen,
falls wir Neues würden wagen?
Neue Partner, neue Stadt?
Dann beseelt? Statt müde, matt?

Beruf und Rhythmus, alles frisch.
Nur noch zwei, statt vier am Tisch …?
Kann „Neue Liebe" glücklich werden,
während tiefe Werte sterben?
Kann „Alte Liebe" fortbestehen,
während heiße Winde wehen?

Mein Mann war

völlig irritiert, dass *SIE*
ihn <u>so</u> fasziniert.
Er ging segeln immer mehr,
oft mit *IHR* … genoss es sehr.

Der Jahrestörn, ´ne Woche lang
machte mich dann aber bang.
Zum dritten Mal mit *IHR* an Bord.
Da reißt es ihn dann gänzlich fort?

SIE ist eine Klassefrau
und ich wusste recht genau,
dass nur ein kleines Stück noch fehlt
und er *SIE* für die Nacht auswählt.

Ich stellte mir mein Leben vor,
falls ich ihn an *SIE* verlor.
Scham und Angst mit Stolz gemischt
und dann hat mich die Wut erwischt.

Wir sind mehr als „Ehepaar",
sind auch Eltern und sogar
verbunden in Beruf und Bett
und lange war das richtig nett!

Zweitfrau sein, das will ich nicht
und üben mich im Selbstverzicht!
Wenn er SIE denn haben will,
dann soll es sein diskret und still.

Ich stelle mich und weich´ nicht aus,
kämpf´ um Kinder, uns und Haus.
Eine neue Form von Leben ...
Kann es was Modernes geben?

„Ménage á trois", ist nichts für mich,
doch womöglich finde ich
einen netten Klassemann
für Nettigkeiten ab und an...

So modern

auf lange Sicht,
war ich aber dann
doch nicht.

Die Toleranz im Kopf war leicht,
doch als mein Mann sich zu *IHR* neigt
lächelt, surrt und offen schwelgt …
Mein Mut dann schnell zusammenfällt.

Ich sprach es aus,
verließ das Haus,
ging mit dem Hund die großen Runden
in manchen dunkeltrüben Stunden.

Die Kinder wurden stiller, blasser.
Meinen Augen leichter nasser.
Nein, das ist so ganz verquer.
Ich geb´ uns vier nicht einfach her.

Mein Mann hat es sich schwer gemacht
durchgrübelte so manche Nacht.
Schließlich ließ er *SIE* dann los,
doch die Entlastung war nicht groß.

Wir sind beide noch verzagt,
und von Bedenken angenagt.
Wir werden brauchen eine Zeit,
in der sich Perspektive zeigt.

In welche Richtung es wohl geht …?
Ich denke, es ist nicht zu spät.

Zeitfracht Medien GmbH
Ferdinand-Jühlke-Straße 7
99095 Erfurt, Deutschland
produktsicherheit@kolibri360.de